W9-CGX-427

El invierno

por Tanya Thayer

Mi primer paso al mundo real

ediciones Lerner · Minneapolis

Es invierno.

Hace frío.

Los días son cortos.

La mayoría de los árboles
no tienen hojas.

Los osos duermen.

La gente se mantiene
abrigada.

Los zorros **cazan** para comer.

La gente come alimentos calientes.

Los lagos se **congelan.**

Los niños salen a patinar
sobre el hielo.

Los animales tienen
pelaje abrigado.

Las personas tienen
ropa abrigada.

Los animales cavan para
buscar alimento.

Los carámbanos comienzan
a **derretirse.**

La **savia** comienza a **fluir** en los árboles.

Ya se acerca la primavera.

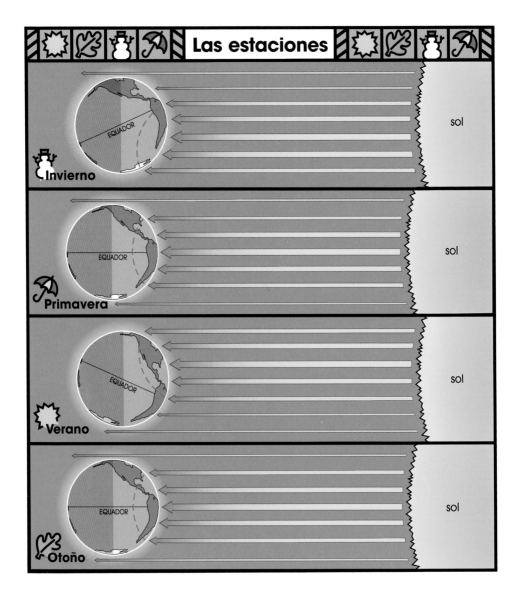

Invierno

sol

Primavera

sol

Verano

sol

Otoño

sol

Las estaciones

La Tierra gira alrededor del Sol y recibe su luz. Cuando el sol pega más al sur del ecuador, es invierno en los Estados Unidos.

Hay menos luz del sol en invierno que en otoño. Además, los días son más cortos. Cuando hay menos luz durante el día, hace más frío.

Datos sobre el invierno

En algunas partes del mundo, todo el año parece invierno.

En invierno, algunos animales desarrollan plumas o pelaje blanco. Así pueden confundirse con la nieve. Esto se llama "camuflaje".

Para los animales es difícil encontrar comida en invierno. Algunos no encuentran suficiente alimento para vivir.

Los árboles que no tienen hojas en invierno están durmientes. Esto significa que no crecen. Comenzarán a crecer otra vez en primavera.

Algunos animales se mantienen calientes y sanos debido a que duermen en su guarida todo el invierno. Este largo descanso se llama "hibernación".

Glosario

 cazar: forma en la que algunos animales obtienen alimento

 congelar: cuando un líquido se convierte en sólido

 derretirse: cuando un sólido se convierte en líquido

 fluir: forma en que se mueve un líquido

 savia: el agua que se encuentra dentro de una planta

Índice

Las fotografías presentes en este libro se reproducen por cortesía de: © Robert Fried, portada;
© Fundación Nacional para la Ciencia, pág. 2; © Clark Mishler/Corbis, pág. 3; © John Kohout/Root
Resources, pág. 4; © Stephen Graham Photography pág. 5; © Tom J. Ulrich/Visuals Unlimited,
pág. 6; © Danny Lehman/Corbis, pág. 7; © Michele Burgess, págs. 8, 22 (tercera); © Corbis, pág. 9;
© Stephen G. Donaldson, págs. 10, 22 (segunda); © MacDonald Photography/Root Resources,
pág. 11; © Paulette Johnson, pág. 12; © Joseph Sohm; ChromoSohm Inc./Corbis, pág. 13; © Ed
Kashi, pág. 14; © Richard Cummins, págs. 15, 22 (cuarta); © D. Richter MTV/Visuals Unlimited,
Inc, págs. 16, 22 (primera, quinta); © D. Yeske/Visuals Unlimited, pág. 17.

La edición en español fue realizada por un equipo de traductores nativos de español de
translations.com, empresa mundial dedicada a la traducción.

ediciones Lerner
Una división de Lerner Publishing Group
241 First Avenue North
Minneapolis, MN 55401 EUA

Dirección de Internet: www.lernerbooks.com

Library of Congress Cataloging-in-Publication Data

Thayer, Tanya.
    [Winter. Spanish]
    El invierno / por Tanya Thayer.
        p.   cm. — (Mi primer paso al mundo real: Las estaciones del año)
    Includes index.
    ISBN-13: 978–0–8225–3163–0 (lib. bdg. : alk. paper)
    ISBN-10: 0–8225–3163–1 (lib. bdg. : alk. paper)
    1. Winter—Juvenile literature. I. Title.
    QB637.8.T4818 2006
508.2—dc22   2005007204